职业核心能力
训 练

主 编 陈 良 张红斌

副主编 刘 影 聂浩虹

编 者 李 明 陈家玮 余旭力

李 根 周向宇 王 薇

重庆大学出版社

图书在版编目（CIP）数据

职业核心能力训练 /陈良，张红斌主编. -- 重庆：
重庆大学出版社，2018. 10（2022.8重印）
ISBN 978-7-5624-7926-0

Ⅰ.①职… Ⅱ.①陈…②张… Ⅲ.①职业教育—能
力培养—高等职业教育—教材 Ⅳ.①G719.2

中国版本图书馆CIP数据核字（2018）第229740号

职业核心能力训练

主　编：陈　良　张红斌
副主编：刘　影　聂浩虹
责任编辑：陈一柳　　版式设计：张　晗
责任校对：张红梅　　责任印制：赵　晟

*

重庆大学出版社出版发行
出版人：饶帮华
社址：重庆市沙坪坝区大学城西路21号
邮编：401331
电话：（023）88617190　88617185（中小学）
传真：（023）88617186　88617166
网址：http://www.cqup.com.cn
邮箱：fxk@cqup.com.cn（营销中心）
全国新华书店经销
重庆巍承印务有限公司印刷

*

开本：787mm×1092mm　1/16　印张：4.75　字数：110千
2018年10月 第1版　2022年8月 第3次印刷
ISBN 978-7-5624-7926-0　定价：25.00元

序　言

　　经过长期努力，中国特色社会主义进入了新时代，这是我国发展的历史新方位。新时代也对我国职业教育的发展和改革提出了新的要求和任务。习近平总书记在2014年就加快发展职业教育作出的指示中指出："要牢牢把握服务发展、促进就业的办学方向，深化体制机制改革，创新各层次各类型职业教育模式，坚持产教融合、校企合作，坚持工学结合、知行合一，引导社会各界特别是行业企业积极支持职业教育，努力建设中国特色职业教育体系。"新时代我国经济已由高速增长阶段转向高质量发展阶段。为了实现高质量发展，我国经济社会领域对职业人才的要求也发生了变化，对职业人才的社会适应性、创新能力和创业能力提出了更高的要求。因此，为服务发展、促进就业，高职院校越来越重视对学生职业核心能力的教育和培养。

　　何为职业核心能力？国家职业核心能力认证培训办公室研究认为：职业核心能力是人们职业生涯中除岗位专业能力之外的基本能力，它适用于各种职业，是伴随人终生的可持续发展能力，即能够适应各种职业、各种岗位的基本能力，主要包括与人交流、与人合作、数字应用、信息处理、自我学习、解决问题等能力。重庆电子工程职业学院一直重视对学生职业核心能力的培养，职业核心能力课程也一直作为专业选修课向本校学生开设。为了进一步适应新时代发展对人才的重视，不断提升高职学生的核心竞争力，重庆电子工程职业学院下属的电子与物联网学院率先对人才培养方案进行修订，更加着眼于学生职业核心能力的切实提升，对课程提出了更高的要求。

　　职业核心能力课程不同于一般的知识和理论教学，其教学目标不在于掌握核心能力的知识和理论系统，而在于方法的形成和能力的提升。该课程通过研究总结职业活动的实际过程来指导教学的方向，通过翻转课堂，以任务驱动型的学习方法来实践教学过程，提升学生能力。

因此，亲爱的同学们，在上这堂课前，你们要有这样的思想准备：

不同于其他传统课程，在这门课里面，你们中的每一个人都将成为职业核心能力课程实施的主力，老师只是监督者和引导者，引导你们完成 2~3 个内容丰富的项目。

而本书就是作为项目实施的测评书，目的是更好地引导你们完成项目，并对项目的实施过程进行考核。

为了使各位同学能够更好地利用本书，特提出几点要求和希望：

1. 真实开展，实事求是。项目化实施的根本目的就是希望学生通过实践锻炼提升各项职业核心能力。要求每个团队、每个学生认真实施项目，亲自做调查研究，不推诿应付，不弄虚作假，不抄袭他人。

2. 明确标准，执行高效。各位学生一定要认真听从任课教师的安排，认真阅读本测评书的说明和任务要求，明确项目化实施过程标准和执行要求，并提前做好相应的准备。

3. 分工明确，团队协作。项目化实施是以团队的形式开展的，每个团队要分工明确，让所有成员都参与其中，互相协作、互相帮助，共同完成团队任务。

4. 收集材料，完成任务。严格按照项目实施的程序和步骤开展每一个项目，并在项目实施过程中一定收集好相应的材料，保存好照片、视频等佐证材料。

5. 反思总结，不断提升。每个项目完成后，团队及个人要做好相应的反思和总结，明确自身哪些核心能力得到了提升，哪些核心能力仍存在不足。同学们可以在下次实施过程中有针对性地提升自身不足之处，在不断反思、改正、总结中提升各自的职业核心能力。

亲爱的同学们，在项目实施中不要在乎结果，就算项目失败也无妨，把重心放在项目实施的每一个步骤中，把着眼点放在项目实施过程中能力的不断改进和提升上。希望通过一个学期的学习，你们能够清晰地认识到职业核心能力的重要性，并养成不断提升自身职业核心能力的意识和习惯。在大学三年的学习生活中，你们应不断提升各项基本能力，使自己成为专业技能过硬、职业核心能力超强的复合型人才。

前　言

　　《职业核心能力训练》一书是配套职业核心能力项目化教学的指导教材，是重庆电子工程职业学院职业核心能力课程组成员教学成果的结晶。全书以翻转课堂的教学模式为指导，以开放的视角、包容的学术态度、引导性的发问为特色，使教师在把握课程整体结构逻辑性的同时，将大量的篇幅留给学生，充分发挥学生的主观能动性。全书不包含任何概念性的定义、不包含任何答案唯一的问题、不以结果作为考评的唯一依据，以过程中的每个环节、每处细节为关注点，向每个关注点要质量。书中的项目设计遵循学生学习的基本规律，大项目被分为一个个小阶段，每一个小阶段形成一个小的闭环，学生在其中不断训练，循环往复，而每个闭环组合在一起便形成一个职业核心能力综合锻炼的大舞台，最终切实地提高学生的职业核心能力。

　　全书分为"初试牛刀""驾轻就熟""融会贯通"三个大项目，陈良、张红斌、刘影提出全书的整体思路，聂浩虹负责全书的结构安排和三个项目的总体设计，余旭力负责"初试牛刀"中问题的设计，李根负责"驾轻就熟"中的问题设计，周向宇负责"融会贯通"中的结构设计和整体的文字校对，陈家玮和王薇负责课前有话环节的设计，李明负责全书的审阅。

重庆电子工程职业学院职业核心能力课程组

目 录

初试牛刀

团队、方法、学习、试错

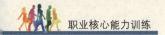

职业核心能力训练

课前有话：

（1）亲爱的同学，你知道职业核心能力包含哪些内容吗？

（2）你可曾听说过冰山理论？

（3）你能举个例子说明自己使用职业核心能力解决过什么问题吗？

（4）其他关键词：OTPAE 五步训练法、"6S"管理。

（5）开课小调查。

1. 组建团队

项目步骤	主要内容	教师评价
互相认识	自我介绍：	
队名、队长、口号	（1）队名： （2）队长： （3）口号：	
团队分工	（1）这个项目应该包含哪些任务？	

职业核心能力训练

续表

项目步骤	主要内容	教师评价
团队分工	（2）团队中每个队员各自最适合完成什么类型的任务？ （3）大家知道"AB 角"工作制吗？为了保证任务的顺利进行，我们能不能提前设定好"AB 角"呢？	
团队目标	（1）我们团队能接受的最低的成绩目标是什么？ （2）我们团队能争取的最高的成绩目标是什么？ （3）我们再继续思考：我们团队的短期目标、中期目标以及长期目标是什么？	
团队纪律	（1）我们团队应该遵守哪些纪律？ （2）我们团队的队长采取的分配原则是什么？ （3）如果我们团队中有成员没有遵守团队纪律，有什么惩罚措施？	

课前有话：

（1）当要查询资料时，你会选择哪些途径？

（2）阅读分为哪些种类？

（3）关键词：归纳、汇总表。

（4）我们来玩一个小游戏。

（5）开课小调查。

2. 项目准备

项目步骤	主要内容	教师评价
选题	题目：	
项目预期意义	（1）本项目具有什么样的社会意义？ （2）本项目能锻炼团队成员哪些职业核心能力？ （3）本项目预计要形成什么样的成果？	

续表

项目步骤	主要内容	教师评价
能力自评和项目分工	（1）在项目中，你的能力强项是什么？弱项又是什么？ （2）在项目中，你的职责有哪些？ （3）其他队友的任务又是什么？ （4）为了保证你的任务顺利完成，你需要和哪些队友进行交流协调？ （5）在与队友的交流过程中，有哪些方面是你需要注意的？	
筹备会	（1）查一查应该怎么撰写会议纪要。 （2）写出筹备会的会议纪要。	

续表

项目步骤	主要内容	教师评价
筹备会		

项目步骤	主要内容	教师评价
项目计划	（1）我们的项目计划应该包含哪些内容? （2）绘制一张项目计划表。 （3）对于时间管理，我们是否有合适的方法?	

续表

项目步骤	主要内容	教师评价
小结	（1）项目进行到这个阶段，你该总结些什么？ （2）经过讨论，你发现漏掉了哪些方面？	

续表

项目步骤	主要内容	教师评价
撰写项目 策划书	项目策划书包含哪些要素？结合前期思考，试着撰写一份项目策划书。	

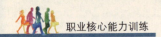
课前有话：

（1）公文的类型有哪些？

（2）你会写报告吗？

（3）关键词：述职报告、会议纪要。

（4）我们来玩一个小游戏。

（5）开课小调查。

3. 项目实施

项目步骤	主要内容	教师评价
选题	题目：	
项目实施过程记录	（1）我们这样安排的依据是什么？ （2）每项计划的子项目应怎么实施才可能达到预期目标？ （3）做一张项目实施的过程记录表。	

项目步骤	主要内容	教师评价
项目实施过程记录		

续表

项目步骤	主要内容	教师评价
项目实施 过程记录		

续表

项目步骤	主要内容	教师评价
项目推进会（项目第一次实施总结会）	（1）我们是否应该反思项目的实施过程？ （2）反思我们的项目计划，看看是否有要修改的地方？ （3）我们的项目有时间节点吗？我们应如何保证项目能保质保量地完成？	

续表

项目步骤	主要内容	教师评价
项目报告初稿	（1）查一查项目报告应该怎么写？ （2）写出项目报告初稿。	
小结	总结一下第一次项目实施后的经验和教训。	

课前有话：

（1）你会自我评估吗?

（2）你了解你身边队友的性格特点吗?

（3）关键词：任务排序、曹操和袁绍的性格区别。

（4）我们来玩一个小游戏。

（5）开课小调查。

4. 汇报反思

项目步骤	主要内容	教师评价
经验交流会	（1）该项目取得了怎样的成果?	
	（2）通过该项目锻炼了自己怎样的能力?	
	（3）在该项目中，团队里谁的贡献最大? 他 / 她最让你觉得钦佩的事迹是什么?	
	（4）在该项目中，你做得最满意的一件事情是什么?	
	（5）在该项目中，你觉得最遗憾的事情是什么?	

续表

项目步骤	主要内容	教师评价
查漏补缺	（1）在项目实施的过程中有哪些不尽人意的地方？ （2）你所做的工作中有哪些不太令人满意的地方？ （3）造成这些结果的原因可能有哪些？ （4）在项目实施的过程中，你是如何应对或调节压力的？ （5）在项目实施的过程中，你是怎样帮助队友的？	

续表

项目步骤	主要内容	教师评价
项目答辩	（1）在项目的准备、实施、总结过程中有哪些有效方法？	
	（2）我们急需改进的方面有哪些？	
	（3）老师给我们提出过哪些意见和建议？	
	（4）我们采取了哪些措施来改进项目？	

续表

项目步骤	主要内容	教师评价
佐证材料	（1）哪些材料能表现出我们的成绩？ （2）哪些材料的背后饱含着我们的辛勤付出？ （3）哪些材料能够说服评委老师给我们打高分？ 　　（以下给出佐证材料的目录）	

项目步骤	主要内容	教师评价
项目总结	（1）查一查总结报告该如何撰写。 （2）写出该项目的总结报告。	

驾轻就熟

训练自我学习、与人合作、与人交流的能力

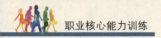

课前有话：

（1）如何做到宽以待人？

（2）当你做事遇到干扰时，你该怎么办？

（3）关键词：应对意外事件的五步骤。

（4）我们来玩一个小游戏。

（5）开课小调查。

1. 准备阶段

项目步骤	主要内容	教师评价
筹备会议	我们要做什么样的项目？	

项目步骤	主要内容	教师评价
项目选题	（1）老师给出的选题标准是什么？ （2）我们选择的项目是什么？	
预期意义	（1）我们为什么要选择这个项目？ （2）这个项目的社会意义是什么？ （3）这个项目能锻炼我们怎样的能力？	

续表

项目步骤	主要内容	教师评价
资源准备	（1）哪些资源能帮助我们完成这些项目？ （2）我们可以去哪里查找这些资源？	
集中研讨会	（1）讨论项目计划。 （2）讨论项目的人员分工。 （3）还记得样板项目中我们是怎么做的吗？ （4）在这个项目中，你的职责是什么？ （5）队友们的职责又是什么？ （6）在这个项目中，你准备如何帮助队友们？	

续表

项目步骤	主要内容	教师评价
集中研讨会	（7）我们还有什么细节需要讨论？ （8）该项目存在的风险有哪些？	
编制计划表、进度表	（1）查一查，进度表应该如何编制？ （2）编制计划表、进度表。 （3）除了编制计划表、进度表外，我们还应该做些什么？	

续表

项目步骤	主要内容	教师评价
撰写项目策划书	为了保证该项目顺利实施，现在请尝试撰写一份项目策划书。	

续表

项目步骤	主要内容	教师评价
撰写项目策划书		

续表

项目步骤	主要内容	教师评价
开题宣讲准备	（1）开题宣讲需要准备些什么？	
	（2）你应该如何说服评委通过该项目？	
	（3）我们组是怎么选定宣讲员的？	

续表

项目步骤	主要内容	教师评价
小结	该项目进行到目前这个阶段，你又该总结些什么？	

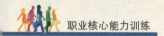
职业核心能力训练

课前有话：

（1）答辩规则你懂吗？
（2）当压力来临时，你有哪些纾解压力的好办法？
（3）关键词：三人行必有我师、忠言无须逆耳。
（4）我们来玩一个小游戏。
（5）开课小调查。

2. 实施初段丨

实施步骤	主要内容	教师评价
开题答辩	（1）开题答辩的作用是什么？ （2）谁来做答辩中的宣讲员？宣讲的内容有哪些？ （3）答辩场地的准备包含哪些方面？	

续表

实施步骤	主要内容	教师评价
准备展示材料	（1）我们以什么样的原则和标准来准备材料？ （2）列出我们准备的材料清单。	
意义重述	经过讨论和答辩后，我们是否调整了项目的意义？调整后的项目意义是什么？	

续表

实施步骤	主要内容	教师评价
难点自析	（1）在项目计划中，哪些任务是我们需要花大力气才能完成的？ （2）在项目实施的过程中，我们可能会碰到什么样的难题？我们应该怎样去处理这些难题？	
请求协助	（1）当你遇到难题无法解决时，该向谁求助？ （2）有哪些方法能够帮助你成功地得到他人的帮助？ （3）向他人求助时，你要注意哪些方面的问题？	

实施步骤	主要内容	教师评价
集中研讨会	（1）讨论第一次实践的任务安排。 （2）该讨论第一次实践的人员安排。	

续表

实施步骤	主要内容	教师评价
实施 I	（1）如果有调查问卷，我们需要设计哪些问题？ （2）在实施的过程中可能遇到什么样的问题？ （3）我们可以采取哪些措施去解决这些潜在的问题？	
阶段总结会	（1）第一次实施的总结。	

续表

实施步骤	主要内容	教师评价
阶段总结会	（2）第二次实施的具体安排。	
实施Ⅱ	我们是如何开展该项目的?	

续表

实施步骤	主要内容	教师评价
小结	在这次项目实施中，你总结了哪些经验？	

课前有话：

（1）当两个方案摆在你的面前时，你该如何取舍？

（2）当你力所不逮时，应如何获得他人的支持？

（3）关键词："5W"、甘特图。

（4）我们来玩一个小游戏。

（5）开课小调查。

3. 实施初段 II

实施步骤	主要内容	教师评价
材料整理	梳理一下我们目前收集了哪些资料？	
问题归因	（1）在项目实施过程中有哪些不尽人意的地方？ （2）你所做的工作中有哪些不太令人满意之处？ （3）造成这些结果的原因可能有哪些？	

续表

实施步骤	主要内容	教师评价
集中研讨会	（1）你是如何找到这些问题的解决方法的？ （2）接下来的实施方案是什么？	

续表

实施步骤	主要内容	教师评价
编制计划表／进度表		

续表

实施步骤	主要内容	教师评价
项目推进会		

续表

实施步骤	主要内容	教师评价
项目初稿 目录		
小结		

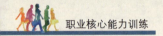

课前有话：

（1）当计划赶不上变化时，你该怎么办？

（2）当自己有懈怠情绪时，你该怎么办？

（3）关键词：评估表、活动执行表。

（4）我们来玩一个小游戏。

（5）开课小调查。

4.实施初段 Ⅲ

实施步骤	主要内容	教师评价
项目初段 总结		

续表

实施步骤	主要内容	教师评价
修改项目计划		
数据分析、问题归因		

续表

实施步骤	主要内容	教师评价
分析模型	我们是否使用了某种分析模型？进行详细情况介绍。	
问题自析	（1）项目存在的问题有哪些？ （2）队友们存在的问题有哪些？ （3）自己存在的问题有哪些？ （4）造成这些问题的原因有哪些？	

续表

实施步骤	主要内容	教师评价
请求协助		
集中研讨会		

续表

实施步骤	主要内容	教师评价
阶段性总结		

续表

实施步骤	主要内容	教师评价
佐证材料		

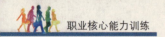

课前有话：

（1）进度计划调整的原则和方法有哪些？

（2）样本和样本容量分别是什么？

（3）关键词：随机抽样、最少样本法则。

（4）我们来玩一个小游戏。

（5）开课小调查。

5. 实施中段 I

实施步骤	主要内容	教师评价
项目计划调整		
项目文本修正		
材料准备		

续表

实施步骤	主要内容	教师评价
明确目的	（1）在项目的实施过程中，我们的目标是否因为主观原因而被迫降低了？ （2）我们的动力是否一如既往？	
明确样本数量和分类	（1）我们的工作量（如问卷调查的样本数量）是否足够？ （2）我们对项目实施的对象进行了有效分类吗？	

续表

实施步骤	主要内容	教师评价
沟通交流会		
实施		

续表

实施步骤	主要内容	教师评价
阶段性总结		

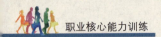

课前有话：

（1）经验是怎么形成的？

（2）演讲中应该采用哪些手势？

（3）关键词：演讲礼仪、鱼骨图。

（4）我们来玩一个小游戏。

（5）开课小调查。

6. 实施中段Ⅱ

实施步骤	主要内容	教师评价
中期答辩Ⅰ		

课前有话：

（1）制作 PPT 应该把握哪些关键点？

（2）有哪些方法可以抓住观众的眼球？

（3）关键词：演讲技巧、后发优势。

（4）我们来玩一个小游戏。

（5）开课小调查。

7. 实施中段 Ⅲ

实施步骤	主要内容	教师评价
中期答辩Ⅱ		

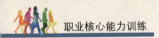
课前有话：

（1）在项目实施的过程中，哪些地方运用到了推理演绎的方法？

（2）什么是归纳？

（3）关键词：假言推理、选言推理。

（4）我们来玩一个小游戏。

（5）开课小调查。

8. 实施中段Ⅳ

实施步骤	主要内容	教师评价
中段总结		
问题分析		

续表

实施步骤	主要内容	教师评价
结论分析		
偶然性因素分析	（1）我们的结论是否只是偶然得出的? （2）我们的结论是否经得起推敲?	
项目推进会		

续表

实施步骤	主要内容	教师评价
实施		
阶段性总结		

实施步骤	主要内容	教师评价
佐证材料		

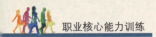
课前有话:

（1）如果团队内有不愿意做事的队员该怎么办?

（2）说服技巧有哪些?

（3）关键词：以理服人、察言观色。

（4）我们来玩一个小游戏。

（5）开课小调查。

9. 实施末段 I

实施步骤	主要内容	教师评价
针对偶然性因素补充计划		
沟通交流会		

续表

实施步骤	主要内容	教师评价
实施		
项目小结		

续表

实施步骤	主要内容	教师评价
佐证材料		

课前有话：

（1）你会从案例或历史故事中总结经验教训吗？

（2）面部表情和肢体语言在宣讲中的重要性。

（3）关键词：触龙说赵太后、舌战群儒。

（4）我们来玩一个小游戏。

（5）开课小调查。

10. 实施末段 II

实施步骤	主要内容	教师评价
项目终审答辩		

续表

实施步骤	主要内容	教师评价
论文装订		

融会贯通

展示自己、实践方法、提升自我

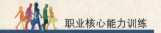

课前有话：

（1）如何让别人感受到你的善意？

（2）如何经营自己良好的口碑？

（3）关键词：摸着石头过河、实践是检验真理的唯一标准。

（4）我们来玩一个小游戏。

（5）开课小调查。

（6）问问自己准备好迎接新的挑战了吗？

实施步骤	主要内容	教师评价

续表

实施步骤	主要内容	教师评价

续表

实施步骤	主要内容	教师评价

续表

实施步骤	主要内容	教师评价

写给自己，写给队友，写给老师